SOLO FLUTE

SAILING

legato (sempre) freely (♪ = *ca.* 126)

duration *4'20"*

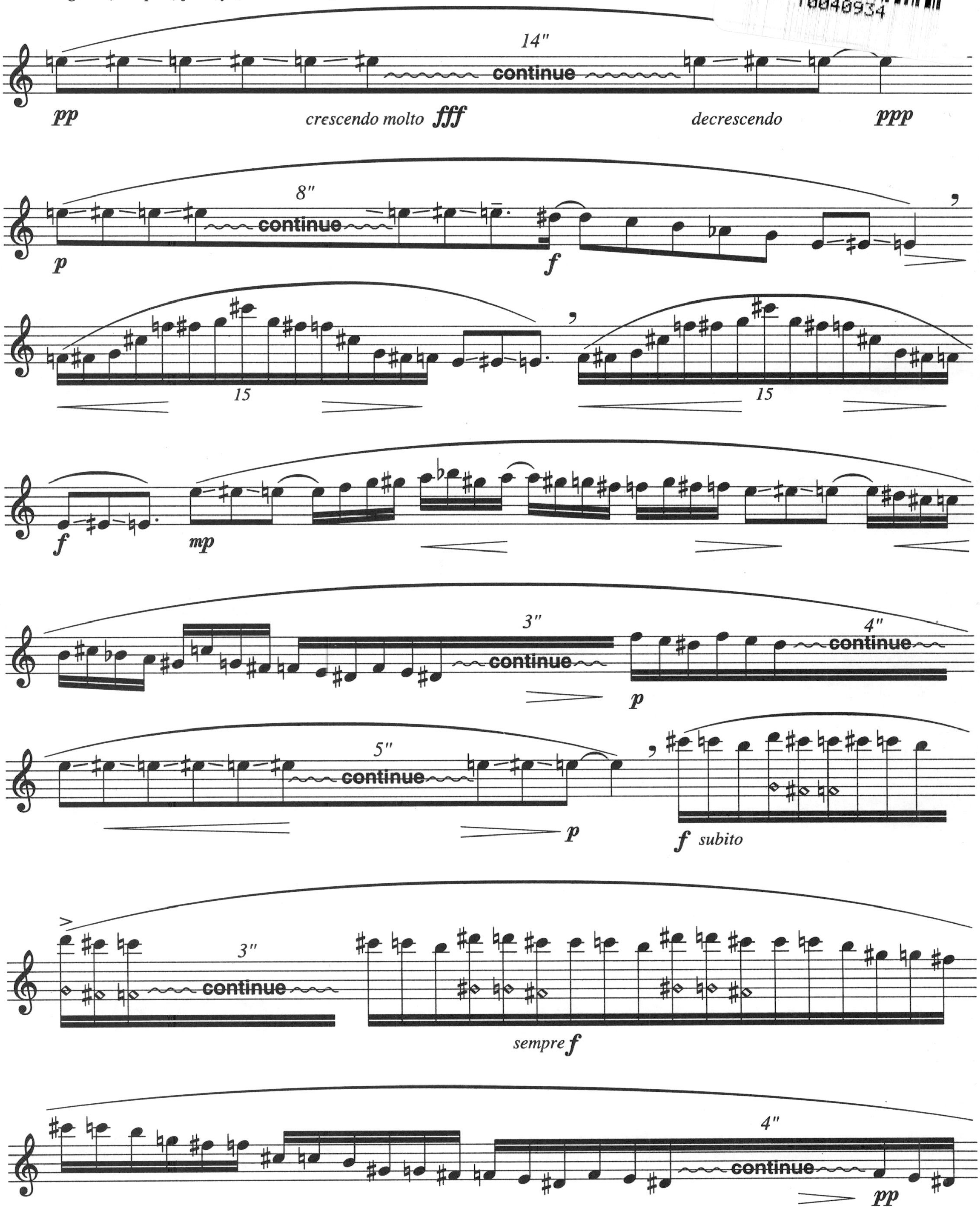

engraved by Osho Endo

Copyright © 1988 SECOND FLOOR MUSIC
International Copyright Secured   All Rights Reserved   Made in U.S.A.

18
mp
3
3
32
p
crescendo
mf
decrescendo
3
p
3
mp
Tempo 1
p
15
as fast as possible
mf
15
crescendo
f
decrescendo
3
poco rit.
Tempo 1
3"
continue
2"
continue
pp
4"
continue
p
crescendo molto (senza vibrato)
ff
7"
continue
pp
crescendo molto
f
decrescendo
fine

6"
cantabile
meno moso
continue
p
mf
(gliss.)
2"
continue
mf
p
3"
continue
= ca. 100
legato sempre
p
as fast as possible
f
rit.
mp
meno
p
accellerando
as fast as possible
crescendo

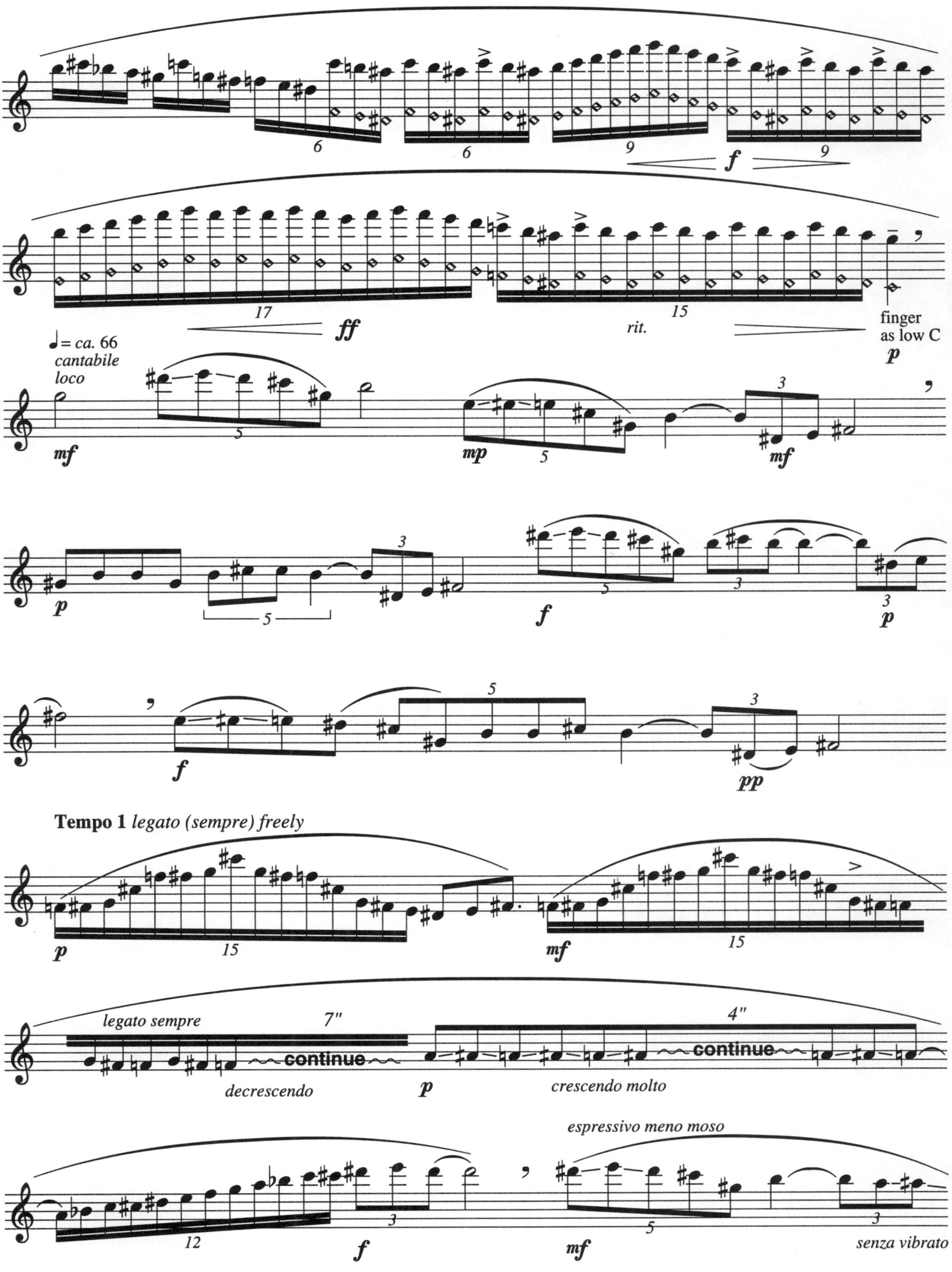
6
6
9
9
f
17
ff
15
rit.
finger
as low C
p
♩= ca. 66
cantabile
loco
mf
5
mp
5
3
mf
p
5
3
f
5
3
3
p
f
5
3
pp
Tempo 1 legato (sempre) freely
p
15
mf
15
legato sempre
7"
continue
decrescendo
p
4"
continue
crescendo molto
12
3
f
espressivo meno moso
mf
5
3
senza vibrato